Michael von Känel

Band 7

Die Wirkung von Gewohnheit auf unsere Lebensführung

Was Gewohnheiten und geben – und was sie uns nehmen

<u>Teil 7 von 10</u>

<u>aus der Serie «Die Wirkung von…»</u>

Copyright und Layout:

Michael von Känel, BE/Schweiz

1

Inhalt

1 Einleitung

Wir sind *ES* gewohnt.

Was genau sind wir uns gewohnt? Und was bedeutet es, wenn man an etwas gewohnt ist?

«Wohnt» man da dann in dieser Sache? Oder bedeutet Gewohnheit nur, dass man die Dinge einfach tut und nicht mehr darüber nachdenkt?

Gewohnheit kann ungemein beruhigen. Aber es gibt auch nichts Gewöhnlicheres, als die Dinge, die wir uns gewohnt sind. Und was gewöhnlich ist, wird schnell mal ordinär. Ordinär bedeutet auch gewöhnlich. So wie das Wort «allgemein» auch stark mit Gewöhnlichkeit verbunden ist. Aber das Allgemeine wird schnell mal gemein. Und «gemein» hat für uns zwei Bedeutungen…

Das Gegenteil von gewöhnlich ist aussergewöhnlich. Und was aussergewöhnlich ist, hat mit Langeweile, mit Wiederholung und mit Überdruss überhaupt nichts zu tun.

In unserer Freizeit tun wir Aussergewöhnliches, um der Gewohnheit zu entfliehen und unser Leben irgendwie erträglich zu machen. Denn für gewöhnlich arbeiten wir ja und tun immer das Gleiche, weil wir es uns gewohnt sind.

Wenn wir so über Gewohnheit dahinsinnieren, merken wir, dass da etwas in der Gewohnheit verborgen liegt, was uns zwar kommod vorkommt, weil es uns aller Anstrengung entbindet. Aber gleichzeitig behindert uns etwas und schränkt uns ein.

Um das, was da hinter der Gewohnheit verborgen liegt, soll es in diesem Büchlein hier gehen. Es geht um die Wirkung von Gewohnheit auf uns und unser Leben. Und eng mit Gewohnheit verbunden ist all das, was unser Leben gewöhnlich macht. Hätten wir nicht ein aussergewöhnliches Leben verdient? Dürfen wir nicht die Früchte des Paradieses auf Erden kosten?

Doch, das dürfen wir! Aber wir können es nur, wenn wir bereit sind, hinderliche Gewohnheiten abzulegen und uns Neuem hinzugeben. Aber Achtung: normalerweise zahlen wir für Aussergewöhnliches! Wenn wir für gewöhnlich Geld verdienen, um ab und zu etwas Aussergewöhnliches wie Urlaub, einen Ausflug oder ein Freizeiterlebnis damit zu finanzieren, dann hat das mit dem Ablegen von Gewohnheiten genau gar nichts zu tun – im Gegenteil!

Wer hinderliche Gewohnheiten ablegt, der befreit sich vom Korsett des Alltags und geht einen eigenen Weg. Dieser Weg ist abwechslungsreich, aber auch anstrengend. Wer Gewohnheiten ablegt, der muss dazu bereit sein, immer wieder neue Herausforderungen anzunehmen und zu meistern. Aber wer dies tut, der wird Dinge entdecken – in sich und um sich herum – von denen er niemals zu träumen gewagt hätte.

Aber es braucht Mut, sich vom Alten zu lösen und sich dem Neuen anzuvertrauen. Denn wir lieben ja Gewohnheiten, weil sie uns den Stress der Veränderung ersparen. Und um nicht gestresst zu sein, nehmen wir gerne Langeweile, Überdruss und Monotonie hin; nur, damit wir nicht darüber nachdenken müssen, wie die Herausforderungen gemeistert werden könnten, die uns erwarten, sobald wir Gewohnheiten ablegen.

Der Verlag www.denkmalnach.ch hat es sich zum Ziel gemacht, Bücher zu veröffentlichen, die denen dabei helfen, ihren Weg zu gehen, die ihr mentales Potenzial zu entwickeln bereit sind. Sprich: Die Bücher dieses Verlages helfen und inspirieren beim Nachdenken. Dieses Büchlein hier nimmt dabei einen sehr wichtigen Platz ein. Und darum ist auf seinem Titelbild auch ein Murmeltier zu sehen. Denn einer der wohl spirituellsten Filme der letzten Jahrzehnte heisst: *«Und täglich grüsst das*

Murmeltier», oder «*Groundhog Day»* auf Englisch. Und was man in diesem Film erleben kann, ist ebenfalls Thema dieses Buches. Einfach in einer anderen Weise. Aber mehr dazu im Kapitel 16. Vorerst wollen wir uns sachte der Thematik annähern. Wir beginnen damit zu fragen, was denn eigentlich eine Gewohnheit ist.

2 Was ist eine Gewohnheit?

Wer etwas mehr als nur einmal tut, der gewöhnt sich an das, was er tut. Auch wer regelmässig mit einem Umstand, einer Sache oder einem Lebewesen konfrontiert wird, gewöhnt sich daran. Wenn wir eine Angewöhnungsphase hinter uns haben, so weigert sich nicht mehr etwas in unserem Innern, wenn wir mit einer Sache konfrontiert werden. Und wer sich etwas Negatives angewöhnt hat, der muss es sich dann auch wieder abgewöhnen. So etwa das Rauchen.

Gewohnheit hat immer zwei Seiten. Die eine Seite besteht darin, dass es uns einfacher und leichter geht, wenn wir etwas gewöhnt sind. Die andere Seite aber ist die Seite, die uns zurückbindet, immer dann, wenn wir Gewohnheiten nachgehen, anstatt etwas Neues zu wagen und unser Leben dadurch abwechslungsreicher zu gestalten.

Gewohnheit führt dazu, dass wir Dinge einfach tun oder hinnehmen. Sie kann zu Passivität, zu Gleichgültigkeit und Unachtsamkeit führen. Und dann, wenn wir wie im Halbschlaf durch das Leben wandeln, kriegen wir ab und zu einen «Schuss vor den Bug», auf dass wir anderer Wege gehen und über Aktivität wieder etwas aus unserem Leben machen. Aber

Trägheit, Müssiggang und Überdruss kleben an uns wie Dung und machen uns müde und lustlos. Und so hängen wir unseren Gewohnheiten nach, anstatt uns aufzuraffen und etwas Neues zu wagen.

Gewohnheit ist also nichts anderes als das, was entsteht, wenn wir uns aus unserer Entwicklung verabschieden. Dann, wenn wir aufgehört haben, vorwärts zu gehen und zu lernen, wird das Leben zwar etwas gemütlicher für uns, aber es ziehen Gewohnheiten auf und legen sich wie eine Schicht Staub über alles, was wir sind, was uns umgibt und was uns bevorsteht. Darum sollten wir Gewohnheiten immer wieder ablegen, indem wir aktiv bleiben, nach vorne schauen und Neues ausprobieren. Denn dann, wenn die Veränderung zu unserer Gewohnheit wird, können wir unser Potenzial nach und nach vollumfänglich ausschöpfen. Und dann sind wir weitgehend geschützt vor dem Stress, den Veränderungen in uns immer wieder hervorrufen. Denn je besser wir auf Neues gerüstet sind, je leichter fällt es uns, diese Herausforderungen zu meistern und dabei zu lernen und zu entdecken.

Es gibt grob gesagt zwei Arten, wie wir durch unser Leben gehen können. Die eine Art ist eine aktive Art. Sie ist bestimmt durch

Veränderung, Herausforderung, Erfolg und Misserfolg. Aber immer geht es darum, dass wir in unserer Selbstwirksamkeit, in unserem Denken und in unserem Fühlen etwas gewagt und dabei gelernt haben.

Die andere Art durchs Leben zu gehen ist eine passive Art. Sie ist geprägt von Gewohnheit, Warten und Dulden. Hier sind wir fremdbestimmt in unserem Handeln, Fühlen und Denken. Wir konsumieren das, was man uns vorgibt. Und wir kritisieren zwar ständig, was nicht gut ist an dem, was wir konsumieren. Aber wir bringen kaum die Kraft auf, etwas von uns aus zu verändern.

Wer im Bett liegen bleibt, wer schon fast zu träge ist, um den Knopf der Fernbedienung zu drücken, um einen Sender zu wechseln, und wer sich das Bier und die Pizza an die Haustür liefern lassen muss, weil er es nicht mehr aus dem Haus schafft, der hat Gewohnheit perfektioniert und daraus einen Albtraum gemacht. Es ist dies wohl der gleiche Albtraum, den ein Häftling in einer geschlossenen Anstalt auch erlebt. Nur dass es bei ihm Strafe ist, die ihm von aussen her auferlegt wurde.

Immer dann, wenn wir denken, dass es jetzt dann besser werde, wenn wir nicht immer wieder neue Herausforderungen zu meistern haben, schleicht sich die Gewohnheit auf leisen Pfoten heran und versucht uns die Freude und den Sinn des Lebens dafür abzuluchsen, dass wir nicht mehr aktiv zu sein brauchen. Dessen sollten wir uns bewusst sein. Und darum sollten wir uns hüten, dass die Dinge zur Gewohnheit werden. Denn wer immer wieder an dem arbeitet, was da gegeben ist, der entwickelt sich und die Dinge weiter. Und so können sie nicht gewöhnlich werden. Indem wir wertschätzen und danken, verscheuchen wir immer wieder die Gewohnheit, die das Leben zwar einfacher, aber eben auch banaler macht.

Gewohnheit ist etwas, was mit Gleichgültigkeit einhergeht. Und Gleichgültigkeit ist der grösste Feind des Lebens und der Nächstenliebe. Und darum sollten wir achtsam bleiben, indem wir beobachten, wahrnehmen, wertschätzen und lieben.

Aber das ist manchmal gar nicht so einfach. Denn oft nehmen uns die gewöhnlichen Arbeiten und Aufgaben so sehr in Beschlag, dass wir kaum noch Kraft und Energie haben, um etwas anderes zu tun. Dann glauben wir, wir hätten es verdient, uns zu erholen. Und Erholung ist für uns eng mit Konsum verbunden. Und wer dann am Wochenende liegen bleibt und nur aufsteht, um zu konsumieren, der gewöhnt sich etwas an, was ihn absinken lässt in den Schlick des Lebens, wo jede körperliche und gedankliche Bewegung sehr anstrengend wird. Der Alltag wird zur Routine und verkommt. Und immer dann, wenn etwas zur Routine geworden ist, wird es gefährlich. Statistisch gesehen ereignen sich die meisten Unfälle entweder durch Unachtsamkeit oder Unwissen, oder eben dann, wenn etwas zur Routine geworden ist, und die Achtsamkeit aufgrund der Gewohnheit weggefallen ist.

Und darum führen wir das Thema dieses Kapitels weiter, indem wir im nächsten Kapitel zur Gewohnheit auch noch die Routine dazu nehmen.

3 Gewohnheit und Routine

Im Militär wird den Soldaten über Drill ein rasches, affektives Handeln antrainiert. Bei Beschuss muss der Soldat sich sofort auf den Boden werfen, weil er sonst getroffen werden könnte. Wenn er selbst geschossen hat, so muss er immer gleich wieder seine Waffe sichern, damit er nicht ungewollt eigene Leute verletzt.

Und so wird im Militär oft nicht viel gedacht, sondern einfach gemacht. Und auch dies meist nicht einmal mehr aus Gewohnheit, sondern aus Routine.

Routine scheint etwas zu sein, was sich aus ständiger Wiederholung und Monotonie ergibt. Es ist die völlige Loslösung von allem Denken, das nach Eintritt von Gewohnheit noch geblieben ist.

Zwar sind routinierte Leute verlässlich und zuverlässig. Denn man weiss bereits im Voraus, was sie tun werden. Aber während zu Beginn die Routine noch dabei hilft, die Härte der gestellten Herausforderungen zu ertragen, wird sie schnell mal selbst zur Belastung. Aber nicht direkt, sondern indirekt. Denn Routine raubt uns die Herausforderung selbst. Sie führt zuerst zu Gewohnheit und dann zu Überdruss. Routine ist, als ob wir jeden Tag wieder die gleiche gerade Strasse entlangmarschieren würden. Natürlich machen wir dabei kaum einen Fehler. Und nachvollziehbarerweise stresst es uns nicht mehr, dass wir wieder das Gleiche tun müssen, weil wir es uns ja gewohnt sind. Aber es fängt mit der Zeit an zu drücken. Es ist die Monotonie, die Leere der fehlenden Perspektive, die unser Leben langweilig und irgendwie einsam werden lässt.

Und während wir dann so dahintrotten, den Blick starr auf den Boden und auf unsere Füsse gerichtet, sehen wir nicht mehr, was von links, von rechts, von vorne oder von oben kommt. Und so kann es passieren, dass urplötzlich etwas Gefährliches unseren Weg kreuzt. Wir schrecken auf, stimuliert durch das Adrenalin, das unser Körper ausgeschüttet hat, um die Situation meistern zu können. Aber wir erkennen, dass die Gefahr schon vorbei ist. Und anstatt den Energieschub dieses «Schusses vor den Bug» zu nutzen, um auszubrechen und etwas zu ändern, senken wir wieder unseren Kopf und latschen geradeaus weiter. Schritt für Schritt; immer weiter…

Routine wird oft dann gefährlich, wenn es für uns schon längst an der Zeit wäre, etwas zu ändern. Denn was erwartet uns noch? Wenn wir bereits zwanzig Jahre lang der gleichen Beschäftigung nachgegangen sind, welche

Chance bleibt uns noch, auf dass wir uns über etwas Unerwartetes freuen dürften?

Unser Leben ist viel zu kostbar, als dass wir Gewohnheiten zu Routine verkommen lassen sollten, um dann darin zugrunde zu gehen. Wir haben es so gut, dass wir über Willen und Gedankenkraft unser Leben wieder in die eigene Hand nehmen können, indem wir hinderliche Gewohnheiten ablegen, und einen Schritt hinaus aus den täglichen Routinen in Richtung Selbstbestimmung und Selbstwirksamkeit machen. Das aber braucht Kraft. Es braucht die Kraft der Überzeugung, die aus unserem Denken entspringt.

Aber unser Denken ist es nicht gewohnt, komplizierte Gedankengänge anzustellen. Es ist sich oft überhaupt gar nicht gewohnt, zu denken. Und so verharren wir dort, wo wir sind. Wir bleiben stecken in unseren Gewohnheiten und Routinen. Und das ist wohl zu einem grossen Teil auch von aussen her so gewollt. Denn wer immer das Gleiche auf die gleiche Weise tut, der ist einschätzbar, steuerbar und manipulierbar.

Ein Arbeitgeber hat keine Freude daran, wenn sein bester Mitarbeiter die Firma verlässt. Zu viel Knowhow, Pflichtbewusstsein und Arbeitsdisziplin gehen da verloren. Einen so guten Mitarbeiter zu ersetzen dauert Jahre und führt zu viel Aufwand und weniger Ertrag innerhalb der Firma. Und weil dem so ist, weil bei jedem guten Mitarbeitenden das Risiko besteht, dass er gehen könnte und eine Lücke in der Firma hinterlässt, hat man die Arbeiten in vielen Firmen so aufgespalten, dass jeder Mitarbeiter nur noch eine einfache Tätigkeit durchführt, die wenig Denkvermögen und wenig Geschicklichkeit verlangt. So sind Fabriken entstanden, in denen jeder problemlos ersetzbar wird, weil jeder sich sehr schnell an das gewöhnt, was er zu tun hat. Und die Routine lässt ihn schnell und fehlerfrei arbeiten. Das ist das, was ein gut funktionierender Fertigungsbetrieb braucht. Und es ist das, was die Mitarbeitenden innerlich verstauben und verkrusten lässt.

In unserer Zeit gehen Heerscharen von Menschen täglich zur Arbeit und tun mehr oder weniger das Gleiche, ohne jemals eine Perspektive auf eine Veränderung zu haben. Das Aussergewöhnlichste, was ihnen noch widerfahren kann, ist die Kündigung ihrer Arbeitsstelle. Diese erfolgt dann, wenn man die Mitarbeitenden durch eine Maschine ersetzen kann, oder wenn man irgendwo sonst auf der Erde Menschen gefunden hat, die zu noch schlechteren Bedingungen zu arbeiten

gewillt sind; meist, weil sie keine andere Wahl
haben.

Wenn wir uns in Dinge wie
Arbeitsanstellungen hineingeben, wo man von
uns Routine verlangt, uns aber vom zu vielen
Denken abhalten will, sind wir selbst schuld,
wenn unser Leben monoton wird und zur
Routine verkommt. Es liegt an uns, und es ist
unser Recht, dass wir auch einen Teil unseres
Lebens ausserhalb von Gewohnheit und
Routine leben dürfen. Viele tun dies, indem sie
in ihrer Freizeit extravagante Dinge tun. Aber
für diese bezahlen sie meist mit dem Geld, das
sie über Gewohnheit und Routine in der
tagtäglichen Arbeit verdienen.

Wäre es nicht wunderbar, wenn wir unser Geld
durch Abwechslung, Herausforderung und
Spass verdienen könnten?

Wie wurde es möglich, dass unser Leben so
fremdbestimmt, öde und langweilig werden
konnte?

Nun, es liegt daran, dass wir uns
Gewohnheiten hingegeben und dabei, ohne es
zu merken, unsere Denktätigkeit eingestellt
haben.

Und weil die Entlastung des Denkens sehr eng
mit Gewohnheit und Routine verbunden ist,

wollen wir im nächsten Kapitel darüber nachdenken, wie wir der Entlastung unseres Denkens entkommen können.

Die Lösung ist banal: Wir müssen nur zu denken anfangen! Aber wie schaffen wir das?

4   Entlastung unseres Denkens

Der Autor hat viele Jahre lang Kinder und Jugendliche unterrichtet. Und es war erschreckend dabei feststellen zu müssen, wie träger und fauler ein Grossteil der Schülerinnen und Schüler mit zunehmendem Alter wurden.

Während jüngere Kinder jeden Tag hunderte von Fragen stellen, hängen Jugendliche mit der Zeit am liebsten nur noch rum.

Das Einzige, was sie noch motivieren kann, sind Tätigkeiten, die mit Konsumieren in Verbindung stehen. Es sind dies Shoppen, Essen, Bildschirme und Freizeitangebote, wo man erleben kann aber nicht denken muss.

Warum in aller Welt ist für so viele Menschen das Denken so anstrengend?

Die Antwort ist einfach: Weil sie es sich nicht gewohnt sind!

Aber warum sind sich die Leute nicht gewohnt zu denken?

Weil sie alles auch ohne zu denken bekommen können!

Das ist ja gerade das Typische an unserem kapitalistischen Wirtschaftssystem: Es basiert auf Angebot und Nachfrage. Und in einem solchen System denken nur noch diejenigen, die anbieten. Die anderen hingegen denken nicht mehr. Sie konsumieren nur noch. Und dies tun sie so lange, bis das Geld nicht mehr reicht. Und dann nehmen sie eine Arbeit an, um wieder Geld zu verdienen. Aber denken tun sie deswegen noch immer nicht.

Wir erkennen, dass in unserem System diejenigen das grosse Geld verdienen, die darüber nachdenken, wie sie denen, die nicht denken, das Geld aus der Tasche ziehen können.

Und das ist noch nicht alles! Weil man bei jemandem, der arbeitet und nicht denkt, mitverdienen kann, versucht man die nichtdenkenden Menschen in möglichst grossen Massen zu Arbeitern zu machen, an denen man nicht nur durch ihren Konsum verdient, sondern auch noch an ihrer wirtschaftlichen Tätigkeit.

Und damit das Geld immer munter und ohne Störungen weiter in die richtige Richtung fliesst, sorgt man über Komfort und materiellen, vorgetäuschten Luxus dafür, dass sich die nicht denkenden Menschen an einen Standard gewöhnen, der sie zum modernen Sklaven werden lässt. Moderne Sklaverei bedeutet, dass man sich selbst versklavt, indem man auf Verführungen hineinfällt, die einen über Schulden und Gewohnheiten an das binden, was man eigentlich nicht mag, was man aber tun muss, weil man sich in eine missliche Situation hineinmanövriert hat, aus der man nur über Denken und Bereitschaft zum Verzicht wieder herauskommt.

Aber wir sind hier nicht das Thema der modernen Sklaverei am Behandeln. Darum belassen wir es bei dem Hinweis auf das Büchlein *«Moderne Versklavung – Wie und wodurch wir täglich versklavt werden»*.

Hier aber nehmen wir den Aspekt auf, dass Gewohnheit unser Denken entlastet. Und genau dieser Effekt wird von unserer Gesellschaft ausgenutzt.

Beobachten Sie mal unsere Gesellschaft etwas genauer. Und stellen Sie sich dann vor, es würden viel mehr Menschen darüber nachdenken, was da eigentlich abläuft. Würden unser Gesellschafts- und unser Wirtschaftssystem noch funktionieren?

Wohl kaum! Und so erkennen wir, dass Gewohnheit und Routine gewollt sind, auf dass die Dinge so weiterlaufen, wie es für Leute, die an Geld, Ruhm und Macht interessiert sind, gut ist.

Das tönt jetzt stark verschwörungstheoretisch. Das ist es aber nicht. Denn wenn man besonders die jungen Menschen zum Denken anregen wollte, dann würden unser Bildungssystem und unsere Arbeitswelt anders aussehen.

Dies können aber nur Menschen erkennen, die aus den Gewohnheiten des Alltags ausgetreten sind und sich genügend Zeit zum Beobachten und Denken genommen haben.

Und was dabei herauskommt, wenn man das tut, ist eben die Erkenntnis, dass Menschen sofort die Gewohnheit wählen, wenn man sie zwischen dieser und dem Denken wählen lässt.

Natürlich gibt es eine grosse Zahl an Menschen, denen ist es ganz recht so. Und sie wollen auch nicht, dass sie ihre Gewohnheiten ablegen und sich den Unsicherheiten stellen müssen, die man nur über Nachdenken überwinden kann.

Dass es diese Leute schon im alten Rom gab, und dass man für sie Brot herangeschafft hat und für sie einen grossen Zirkus gebaut hat, das ist geschichtlich erwiesen. Und wir wollen diese Leute auch gar nicht verurteilen.

Tatsache ist nur, dass diese träge, wenig denkfreudige Masse es in einer Demokratie ermöglicht, dass die Dinge so bleiben, wie sie sind. Und die Dinge bleiben eben so, wie es für die gut ist, die bereits an der Macht sind. Und diese bleiben an der Macht, weil sie durch Wahlkampfspendengelder von denen auch die nächsten Wahlen wieder gewinnen, die das grosse Geld damit verdienen, dass sie der denkscheuen Masse das anbieten, was diese ohne nachzudenken gerne konsumiert.

Wir erkennen, dass uns Gewohnheit auf einer persönlichen Ebene gesehen hilft, unseren Alltag effizienter und erfolgreicher zu bestreiten, weil wir über sie vom Denken entlastet werden und so mehr Energie und Kraft übrig haben, um das zu tun, was getan werden muss.

Auf einer gesellschaftlichen Ebene aber wird Gewohnheit und die mit ihr einhergehende positive persönliche Erfahrung dazu missbraucht, Leute an ein Leben zu gewöhnen, wo sie wenig denken und viel konsumieren.

So wird es möglich, Menschen zu führen, zu manipulieren und zu missbrauchen. Und dies, ohne dass sie es selbst merken – weil sie ja vom Denken entlastet wurden und dieses nach und nach verlernt und abgelegt haben.

***

Aber es gibt eben in jeder Gesellschaft Individuen, die mögen das nicht, was alle anderen auch haben. Sie mögen es auch nicht, dass man sie bevormundet und ihnen ihre Selbstbestimmung nimmt.

Und so kommt es, dass es immer wieder Aussteiger, Querdenker, Systemfeinde, Kritiker, Verschwörungstheoretiker, Ketzer, Hexen und Revolutionäre gibt, die sich ihre Gabe des Denkens zunutze machen und eine Veränderung herbeizuführen versuchen, indem sie Menschen zum Denken bringen wollen, in der Hoffnung, dass diese dann ihre Gewohnheiten ablegen und dabei mithelfen, diese Welt zu einer besseren Welt für alle zu machen.

Aber mit diesen Denkern passiert immer wieder das Gleiche: Sie werden durch das *Krabbenprinzip* wieder hinunter in die Masse derer hinabgezogen, die mit dem Denken nicht so viel Glück haben…

Wenn wir hier das Thema des Kapitels zusammenfassend abschliessen wollen, dann können wir also festhalten, dass Gewohnheit uns zwar dabei hilft, über die Entlastung unserer Denktätigkeit effizienter zu werden.

Andrerseits geht genau mit dem Aufbauen von Gewohnheiten die Gefahr einher, dass wir aufhören zu denken und so irregeführt werden, so dass wir uns in Gewohnheiten, Routinen und Normen verlieren – mitsamt unserer Selbstbestimmung und unserer Freiheit.

Und so erkennen wir, dass Gewohnheit zu einer Krücke werden kann, die uns anfänglich dabei hilft, aufrecht und selbständig gehen zu lernen, die uns aber dann hinderlich ist, wenn wir selbstbestimmt und aufrecht gehen könnten.

Und so sind wir auch bereits beim Thema des nächsten Kapitels angelangt…

5 Gewohnheit als Krücke

Jemand, der etwas nicht gewohnt ist, der verbraucht sehr viel Energie dafür, aufmerksam zu sein, damit ihm nicht ein Fehler unterläuft oder ein Unglück widerfährt.

Wer sich dann aufgrund von Wiederholungen an etwas gewöhnt hat, der braucht auf viele Dinge nicht mehr zu achten und kann sich so mehr auf das Wesentliche konzentrieren, wenn er das will. Oder er verfällt einer Routine, die ihn wie ein Roboter einfach nur noch seine Arbeit tun lässt – ohne jegliche Anzeichen des Denkens oder Reflektierens.

Gewohnheit kann uns also helfen, selbständig und selbstwirksam zu werden, indem sie uns von Dingen entlastet, die uns bei unserem Tun hinderlich sind.

Aber da wir uns ständig weiterentwickeln, veralten und verstauben unsere Gewohnheiten. Und so werden sie nach und nach zur Krücke. Denn Gewohnheit wirkt anfänglich positiv, indem sie unser Denken und unsere Achtsamkeit entlastet. Aber wenn wir weiterkommen wollen, dann brauchen wir eben genau dieses Denken und diese Achtsamkeit dazu.

Folglich können wir nur weiterkommen, wenn wir alte Gewohnheiten ablegen und über Denken und Beobachten neue Wege erschliessen, wie wir etwas anders und womöglich noch besser tun könnten.

Wer regelmässig Gewohnheiten überdenkt und all diejenigen ablegt, die überholt und so zur Krücke geworden sind, der bleibt aktiv, beweglich und flexibel. Und ganz besonders entwickelt er sich in seinen mentalen Fähigkeiten, also in seinem Denken.

Denken birgt sehr viel mehr Potenzial in sich für unsere Entwicklung als dies Gewohnheiten jemals zu tun vermögen. Und genau deshalb heisst der Verlag dieses Büchleins ja auch *denkmalnach*.

Denn die Welt ist viel zu schön, um sie als «gewöhnlich» hinzunehmen und sein Leben in ihr auf unachtsame Art und Weise im gegebenen Rahmen von Gewohnheiten zu «verleben».

Aber wer aus lauter Gewohnheit träge geworden ist, der wird unachtsam und kann so das Schöne nicht mehr sehen und folglich auch nicht mehr davon profitieren. Und so tritt Müssiggang ein, der nur noch über Konsum ab und zu unterbrochen werden kann.

Für all das aber, was das Leben uns sonst noch zu bieten hätte, werden wir wegen unserer mangelnden Bereitschaft, unsere alten Gewohnheiten abzulegen, nach und nach blind.

6 Vor lauter Gewohnheit blind

Wir hatten es von den Jugendlichen, die immer träger werden und immer weniger Lust am Lernen haben. Und wir haben uns die Frage gestellt, wie das möglich sein kann.

Nun, wenn jemand keinen Grund hat, sich zu bewegen, dann tut er es normalerweise auch nicht.

Und wenn jemand auch keinen Sinn darin sieht, etwas zu unternehmen oder zu tun, dann bringt er auch die Motivation nicht dafür auf.

Es kann also gut sein, dass viele Jugendliche träge sind, weil sie bereits alles haben und somit kein Grund besteht, etwas zu ändern. Denn es macht keinen Sinn, etwas zu ändern, wenn man schon alles hat.

Und weil bereits die Eltern dieser Jugendlichen vor Gewohnheit blind sind, können auch diese den Jugendlichen nicht aufzeigen, was es sonst noch alles im Leben zu entdecken gäbe, und was man alles über die inneren Welten erfahren und erschliessen könnte.

Wer es zulässt, dass ein Kind keine Herausforderungen mehr zu meistern kriegt, und es stattdessen über Konsum ruhigstellt, der gewöhnt das Kind an die Trägheit und macht es über Gewohnheit blind dafür, all das in der

Welt auszuprobieren und zu entdecken, was möglich wäre, um ein abwechslungsreiches und spannendes Leben zu führen.

Wenn bereits Jugendliche vor lauter Müssiggang und Trägheit auf dumme Ideen kommen, warum sollten dann nicht auch Erwachsene Dinge denken und tun, die der Welt und der Gesellschaft wenig zuträglich sind?

Nur mal angenommen, man würde das Geld aus unserer Gesellschaft entfernen, würden die Menschen noch immer herumhängen und nur noch konsumieren? Und würden sie noch immer einer monotonen Arbeit nachgehen?

Die Gewohnheit, dass wir mit Geld all das kaufen können, was wir zum Leben benötigen, hat uns dafür blind gemacht zu sehen, was wir alles haben. Wir sind auch zu blind, um zu sehen, wie gut wir es haben.

Kein Wunder, dass wir alles als öde und langweilig empfinden!

7 Langweilig!

Angenommen, wir müssten uns jeden Tag unser Essen selber beschaffen, wäre dann unser Leben immer noch langweilig?

Nein! Aber dafür wäre unser Leben sofort anstrengend und stressig. Denn spätestens dann, wenn man auch noch das Essen für seine Kinder beschaffen muss, leidet man an der Ungewissheit, was der nächste Tag bringen wird. Man leidet plötzlich wieder daran, dass nicht alle Grundbedürfnisse erfüllt sind.

Aus dieser Tatsache können wir eine wichtige Erkenntnis entnehmen: Dann, wenn all unsere Bedürfnisse erfüllt sind, gewöhnen wir uns rasch an diesen Zustand und unser Leben wird langweilig.

Dann aber, wenn unsere Bedürfnisse nicht erfüllt sind, leiden wir an Unsicherheit, Stress und Mangel.

Beide Situationen sind nicht gut für uns, wenn wir das Glück in unserem Leben zu finden wünschen.

Was können wir also tun?

Eigentlich ist es ganz einfach: Wir haben ja bereits alles. Somit sind all unsere Bedürfnisse erfüllt. Es geht uns also gut!

Wir dürfen es für uns selbst einfach nicht zur Gewohnheit werden lassen, dass wir alles haben.

Wir erreichen dies, indem wir nicht immer alles sofort beschaffen, was wir uns wünschen oder was wir nötig haben.

Und wir verstärken diesen Effekt auch dadurch, dass wir dankbar sind, für das, was wir haben, und die Dinge dadurch wertschätzen.

Wer in der Bewusstheit der Dankbarkeit und Wertschätzung durchs Leben geht, der leidet keinen Überdruss und keine Langeweile. Stattdessen erfreut er sich an all den Herausforderungen, die er angehen kann, wenn er will, aber nicht muss, weil er seine Bedürfnisse im Notfall auch über Geld befriedigen kann.

Langeweile ist also etwas, was wir selbst herbeiführen, indem wir es der Gewohnheit erlauben, in unserem Leben zu bestimmen und zu gebieten.

Wer die Pizza selbst bäckt, anstatt sie vom Pizzakurier an die Haustüre liefern zu lassen, der durchbricht Trägheit und Gewohnheit, und beseitigt so seine selbst erschaffene

Langeweile über selbstwirksame Aktivität. So einfach ist das.

Und mit dem Geld, das man so spart, erarbeitet man sich die Möglichkeit, weniger arbeiten und noch selbstwirksamer werden zu können. Das führt weg von Gewohnheit und Routine hin zur Abwechslung und zu Erfolg. Denn wenn wir immer wieder Neues ausprobieren, dann lernen wir dabei viel und können uns so entwickeln. All das wirkt Wunder gegen Langeweile!

Und darum ist es gut, wenn Sie Bücher wie dieses hier lesen. Denn solche Lektüre zeigt auf, was welche Wirkung haben kann. Und das inspiriert zum Nachdenken.

Aber mit Denken allein ist es eben noch nicht getan! Nur wer **selbst aktiv** wird, wird den trüben Alltag durchbrechen und etwas lernen und erleben. Und darum wird hier auf das Büchlein *«Selbstwirksamkeit – Wie der gekaufte Komfort uns unserer Selbstbestimmung beraubt hat»* verwiesen. Denn da ist ausführlich beschrieben, wie man über willentlich herbeigeführten Verzicht sein Leben verändern und farbig gestalten lernen kann.

Wir hier verlassen aber das Thema der Langeweile, entstanden aus Gewohnheit, und

gehen einen weiteren wichtigen Aspekt an, der
mit Gewohnheit stark zusammenhängt und uns
daran hindert, alte Gewohnheiten abzulegen.
Es ist die Angst.

8 Gewohnheit und Angst

Für die meisten Menschen stellt es keineswegs ein Problem dar, über ihr Leben und ihre Situation zu jammern, gleichzeitig aber jede Möglichkeit, die zu einer Veränderung führen könnte, auszuschlagen.

Dies liegt daran, dass sie in Gewohnheit leben. Und Gewohnheit schütz vor Angst. Denn wer in Gewohnheit lebt, der weiss, was kommen wird. Und wenn man das weiss, dann muss man normalerweise mit keinen bösen Überraschungen rechnen.

Dafür kann man auch nicht mit Freuden und Wundern rechnen. Und weil man dennoch gerne ab und zu etwas Abwechslung hätte, kauft man sich diese unter kontrollierbaren Bedingungen in Form eines Kinofilms oder eines Adrenalinkicks im Vergnügungspark ein.

Den Kinofilm hat man unter Kontrolle, und damit auch die persönliche Angst. Denn wenn man Angst kriegt, kann man einfach die Augen schliessen, und schon ist man wieder in Sicherheit.

Und im Vergnügungspark kann einem nichts geschehen. Denn wenn alle anderen Menschen auch auf die Achterbahn gehen und heil wieder aussteigen, dann dürfte einem selbst wohl auch nichts passieren.

Angst führt zum Bedürfnis der Kontrolle. Und Kontrolle führt zu Gewohnheit. Und Gewohnheit führt zu Monotonie und Langeweile.

Wir müssen also lernen, unsere diffuse, oft unterbewusste Angst vor dem Ungewissen zu besiegen, wenn wir unsere Gewohnheiten abzulegen und Selbstbestimmung in unser Leben einzubringen wünschen.

Aber Angst ist nicht Thema dieses Büchleins, sondern Thema des ersten Bandes dieser Serie *«Die Wirkung von...»* und darum können wir hier mit der Erkenntnis weitergehen, dass man uns über Angst und Gewohnheit sehr gut im Zaum halten kann. Man braucht uns nur über negative Nachrichten in den Medien zu verunsichern, und schon kriegen wir Angst vor all dem, was kommen könnte. Und so fügen wir uns und nehmen Gewohnheiten an. Dass wir dafür unsere Selbstbestimmung und die Würze unseres Lebens hergeben, das merken wir aus lauter Angst gar nicht.

Lieber haben wir es so, wie es schon immer war. Und dennoch merken wir, dass wir tief in unserem Innersten nicht zufrieden, ja, sogar unglücklich sind.

Aber glücklicherweise gibt es da etwas, was
unser Problem zu lösen vermag, indem es alle
Gewohnheit auf einen Schlag hinwegfegt…

9 Das Glück des Zufalls

Wir denken, es sei Zufall gewesen, wenn ein glücklicher Umstand in unser Leben tritt und dieses unverhofft verändert.

Aber wir irren uns, denn Zufälle gibt es nicht. Es gibt nur Vorherbestimmung und Schicksal. Vorherbestimmung ist etwas, was wir positiv werten. Schicksal ist etwas, was wir annehmen müssen, weil es keinen anderen Ausweg gibt.

Es gibt Geheimnisse über unser Leben, die nicht mit Ursache und Wirkung erklärt werden können. Wir müssten da weitergehen. Aber da verlassen wir den beweisbaren Bereich in Bezug auf Wissen und Erkenntnis.

Aber bei Zufällen, beziehungsweise bei Vorherbestimmung kommt man wohl nicht umher anzunehmen, dass es irgendeine Instanz gibt, die uns dabei helfen will, auf positive Art und Weise unsere uns hinderlich gewordenen Gewohnheiten abzulegen.

Dann, wenn jemand seine grosse Liebe «per Zufall» trifft, dann ist er bereit, beinahe alle seine bisherigen Gewohnheiten abzulegen, nur um seine Liebe behalten zu dürfen.

Und dann, wenn jemand unverhofft in der Lotterie gewinnt, bekommt er die Möglichkeit, sein Leben anders zu leben. Aber leider nutzen viele Lottogewinner diese Chance nicht. Anstatt das Geld zu nutzen, um sich damit die persönliche Freiheit zu erkaufen, geben sie es wie gewohnt für Konsum aus und führen so Gewohnheit auf einem höheren Level herbei. Und so kommt es, dass sie nicht nur an Langeweile leiden werden, sondern auch noch am Zwang, den kurzlebigen Luxus wieder hergeben zu müssen, weil das Geld weg ist.

Darum sollten wir über Bewusstheit die Chancen nutzen und wertschätzen, die das Leben in Form von «Zufällen» an uns heranträgt. Denn es ist nie einfacher, seine Gewohnheiten abzulegen, als mit der Hilfestellung höherer Vorherbestimmung.

Aber wer sich gewohnt ist, unachtsam und träge zu leben, der erkennt oft nicht einmal Zufälle in seinem Leben. Und so braucht es dann doch ein bedeutend stärkeres Mittel, damit das Gute obsiegen und die Gewohnheit in ihre Schranken gewiesen werden kann.

Es ist das Mittel des Leidens, das uns über Leidensdruck gefügig macht. Gefügig genug, um endlich eine Bereitschaft dafür zu entwickeln, unsere Gewohnheiten wahrzunehmen, sie zu überdenken und schliesslich abzulegen. Weil es sonst einfach nicht mehr weitergeht.

Damit wir unser Leiden überhaupt wahrnehmen, gibt es dann, wenn sonst gar nichts mehr hilft, Schicksalsschläge.

10 Die Härte des Schicksals

Sehr oft sind es unsere Mitmenschen, die unsere Gewohnheiten als erste nicht mehr aushalten. Dann packen sie ihre Sachen und lassen uns mit unseren Gewohnheiten zurück. Und dann grübeln wir darüber nach, weshalb wir plötzlich allein sind. Und dann erkennen wir, dass unsere Gewohnheiten zu Macken, zu widerlichen Eigenheiten oder gar zu Kontrollwahn verkommen sind.

Und dann haben wir die Möglichkeit, das Weggehen unserer Mitmenschen, und alles, was das mit sich führt, als Schicksalsschlag zu bezeichnen.

Wenn wir das tun, dann geben wir uns damit die Möglichkeit, uns in unserem Selbstmitleid zu suhlen. Und das tröstet uns auch über die ersten Tage hinweg. Aber dann, wenn das Selbstmitleid für uns und die verbliebenen Mitmenschen zur Gewohnheit geworden ist, kommt das unangenehme Gefühl von neuem auf, dass wir womöglich etwas ändern sollten...

Wir haben aber auch die Möglichkeit, in jeder Art von Veränderung, anstatt einen Schicksalsschlag, einen Wink des Schicksals zu sehen. Und so gelingt es uns, anstatt negativ denkend auf positive Weise an die bevorstehende Herausforderung heranzugehen.

Wenn wir dies tun, dann fällt es uns leichter, alte Gewohnheiten zu erkennen und abzulegen. Und wer loslässt und weglegt, der befreit sich dadurch von Ballast, der hinderlich geworden ist und ständig runterzieht, wenn wir doch fliegen möchten…

***

Das Schicksal ist nur dann hart zu uns, wenn wir uns ihm in den Weg stellen. Dann aber, wenn wir ihm unsere Gewohnheiten darbieten und sie gegen Veränderungen eintauschen, werden wir feststellen dürfen, dass es das Schicksal eigentlich immer gut mit uns meint.

Und so erkennen wir einmal mehr, dass Gewohnheit und Angst vor Veränderung unser Leben öde und langweilig machen.

Stattdessen können wir einen Schritt vorwärts machen und all das geniessen, was die Veränderung an uns heranträgt. Damit wir all die damit einhergehenden Herausforderungen problemlos zu meistern im Stande sind, hilft es, wenn wir uns unseres Denkens bedienen. Indem wir positiv denken, ermächtigen wir uns, das anzugehen, was uns bevorsteht und uns weiterbringt.

11 Die Kunst der Veränderung

Veränderung ist etwas sehr Mächtiges. Wir sollten uns ihr nicht in den Weg stellen, denn wir würden dabei als Verlierer aus der Konfrontation hervorgehen.

Wie und warum dem so ist, ist in den drei Büchern der Serie *«Vision 3000»* beschrieben.

Hier wollen wir eigentlich nur feststellen, dass Veränderung der Normalzustand unseres Lebens darstellen würde, wenn wir diesen nicht über Gewohnheiten ständig zu manipulieren versuchen würden.

Aber weil wir in unserer Kindheit und Jugend über die positiven Seiten der Gewohnheit Erfolge verzeichnen durften, glauben wir auch als Erwachsene noch daran, dass es besser für uns sei, wenn wir in gewohntem Umfeld Gewohntes tun und uns daran gewöhnt sind.

Aber wenn wir doch in uns drin fühlen, dass wir nicht so recht glücklich sind, und wenn uns der Alltag monoton, müssig und öde vorkommt, warum halten wir dann an dem fest, was wir gewohnt sind?

Tun wir es, weil wir nicht glauben, dass eine Veränderung möglich sein könnte?

Oder sind wir einfach nur zu träge, um uns minimal zu bewegen, auf dass eine Veränderung sich überhaupt einstellen kann?

Der Autor hat in seinem Leben viele Veränderungen erlebt und zugelassen.

Aber irgendwann mal hat er sich auch einem normalen, bürgerlichen Leben hingegeben und hat gedacht, dass es so gut und gemütlich sei. Er hat der Veränderung den Rücken gekehrt und sich angefangen daran zu gewöhnen, dass es so ist, wie es ist.

Aber im Untergrund hat etwas zu nagen begonnen. Und weil der Autor keine äusseren Veränderungen zulassen wollte, hat er sich halt innerlich gewissen Veränderungen hingegeben. Dies hat dazu geführt, dass das Nagen im Innern etwas nachgelassen hat. Dafür kamen immer mehr Störungen von aussen her. Diese Störungen wurden so stark, dass der Autor gezwungen wurde, fast alle seiner bisherigen Gewohnheiten in Bezug auf Arbeit, Freizeit, Konsum und Beziehung aufzugeben.

Diese Zeit war sehr zermürbend und anstrengend. Und der Autor hat manche Träne vergossen, bis er sich endlich eingestanden hat, dass er in einer selbst aufgebauten Illusion gelebt hat, die er nur aufgrund all der

Gewohnheiten nicht erkennen konnte, an denen er sich so sehr festgeklammert hat.

Nein, Veränderungen kann man niemals aufhalten.

Aber es ist eine Kunst, sich den Veränderungen immer wieder so hinzugeben, dass man sich an sie gewöhnt und von ihnen immer wieder von Neuem profitieren kann.

Die Gewohnheit an Veränderung dürfte wohl die einzige Gewohnheit sein, die längere Zeit Bestand hat. Aber selbst diese Gewohnheit wird dann aufgelöst werden, wenn unser physischer Tod der irdischen Veränderung ein Ende setzt. Dann werden wir andere Veränderungen erfahren, die anders wirken und uns nur vorwärtstragen können, wenn wir die Gewohnheit an die Veränderung selbst auch abgelegt haben werden.

***

Wenn das Ablegen von Gewohnheit Veränderung begünstigt oder überhaupt erst ermöglicht, dann dürfte entsprechend das Beibehalten von Gewohnheiten auch seine Wirkung haben. Und das führt uns zum nächsten Kapitel.

12 Gewohnheit bedeutet Stillstand

Wir haben bereits davon gehabt, dass Gewohnheit unser Denken entlastet.

Wenn aber *René Descartes* seine berühmte Aussage gemacht hat: *«Cogito ergo sum!»* (Ich denke, also bin ich!), dann dürfte uns eine Entlastung von unserem Denken nicht gerade gut bekommen!

Und in der Tat scheint es so, als dass wir das sind, bekommen und werden, was wir denken.

Es gibt weise Menschen, die mehr zu scheinen wissen, die sagen, dass die Mentalkraft die stärkste Kraft des Menschen sei, die er noch willentlich zu beeinflussen vermag.

Wenn dem so ist, dann führt eine nachlassende Denktätigkeit unweigerlich zu einem Abfall unserer Möglichkeiten und schliesslich auch zu einem Zerfall unseres Willens.

Wer keinen Willen mehr hat, der mutiert vom Subjekt zum Objekt. Er ist dann nicht mehr selbstbestimmtes Individuum, das seinen eigenen Weg geht, sondern wird zu einer leeren Projektion unserer Gesellschaft, die nur noch das tut und fühlt, was ihr vorgegeben und vorgemacht wird.

Es ist an uns zu entscheiden, ob wir Subjekt oder Objekt zu sein wünschen. Wir entscheiden dies über unseren Willen.

Wenn wir unseren Willen und unser Denken vernachlässigen, dann ist das unsere Entscheidung. Aber dann müssen wir uns nicht wundern, wenn Stillstand in unserem Leben eintritt.

Und wer in Stillstand lebt, der erlernt die Kunst der Veränderung sicher nicht. Und somit ist er der Veränderung in Form von Schicksalsschlägen ausgesetzt und hat sich auch entsprechend davor zu fürchten.

Darum tun wir gut daran, uns selbst von uns aus zu bewegen, sobald wir zu erkennen vermögen, dass wir und unser Leben zum Stillstand gekommen sind.

Wir verlassen den Stillstand, indem wir wieder anfangen, selbständig und kritisch zu denken. Was dadurch alles möglich wird, das kann man nicht beschreiben; das muss man selbst erlebt haben.

Aber diese Buchserie hier beschäftigt sich ja damit, dass über die Wirkung der Dinge nachgedacht wird. Und wer über Nachdenken zu erkennen vermag, wie die Dinge laufen, und welche natürlichen Gesetzmässigkeiten ihnen zugrunde liegen, der erkennt, dass man sich über sehr viele Dinge und ihre Wirkung so seine Gedanken machen kann. Das ermächtigt.

Und es zeigt auch auf, dass eigentlich alles seine Wirkung hat. Und wenn alles wirkt, dann muss sich als Folge daraus auch immer wieder etwas dieser Wirkung unterwerfen, indem es sich verändert. Wir nennen dieses Phänomen «Wandel».

Und wie man sich an diesen Wandel gewöhnen kann, damit man daraus die positive Wirkung von Gewohnheit hervorzubringen und davon zu profitieren vermag, wollen wir im nächsten Kapitel versuchen zu umkreisen.

13 Gewohnheit des Wandels

Auf unserer Erde gibt es sehr viele Lebewesen. Und jedes Lebewesen tut etwas. Somit wird jedes Lebewesen zu einer Ursache, die eine oder meist gar mehrere Wirkungen hat.

Alle Wirkungen zusammen könnte man entweder als ungeordnetes «Chaos» betrachten und bezeichnen, oder aber man könnte diesen Wirkungsstrom auch als «Wandel» wahrnehmen.

Selbstverständlich ist die Gesamtheit aller Wirkungen weit mehr als ein Chaos, in dem die Dinge durch Zufall zusammenspielen. Denn zumindest in intakten Ökosystemen entstehen durch dieses Chaos Symbiosen und Harmonien, die das Gleichgewicht erhalten und das Prosperieren aller beteiligten Akteure innerhalb des Systems ermöglichen.

Dort wo der Mensch Einfluss nimmt, ist es etwas anders. Denn der Mensch agiert sehr oft aus Selbstsucht und Selbstvorteil heraus. Und so wirkt er nicht im Sinne des Ganzen, sondern in seinem Sinne oder im Sinne seiner Interessengruppe.

Wenn Geld oder Macht das Motiv des Handelns sind, dann entsteht eine andere

Entwicklung, als wenn selbstlos und empathisch gehandelt oder entschieden wird.

Es ist davon auszugehen, dass Politik, Wirtschaft und Establishment immer wieder daran arbeiten, dass durch ihr Wirken die unaufhaltsamen Veränderungen in ihre Interessensrichtung laufen.

Weil dies aber nicht gut wäre und die Gesamtheit des Lebens zwangsläufig in die Selbstvernichtung treiben würde, gibt es den natürlich einhergehenden Wandel. Dieser basiert auf so unwahrscheinlich vielen Akteuren als Urheber und Ursache, dass ein Mensch niemals etwas dagegen unternehmen kann.

Und so gesehen wäre es falsch, den Gewohnheiten und dem Bestehenden zu vertrauen. Denn der Wandel findet statt, ob wir es wollen, oder nicht. Er findet auch statt, ob es die Regierungen, die Wirtschaftsbosse und die High Society es so haben wollen oder nicht.

Das, was auf uns so komplex wirkt, dass wir es als «Chaos» deuten würden, ist nichts anderes als der Schutz des ewigen Lebens vor den Einwirkungen des Menschen. Und dieser Schutz, der aus ständiger Veränderung besteht, ist eben der Wandel, den wir wahrnehmen und fühlen können, wenn wir unsere Gewohnheiten ablegen und dadurch achtsamer, kritischer und denkfreudiger werden.

Wandel ist etwas sehr Natürliches. Er wäre auch etwas sehr Menschliches, wenn Menschen sich nicht über Trägheit oder aus Angst ihren Gewohnheiten hingeben würden.

Und weil Wandel etwas Normales und Natürliches ist, tut man gut daran, ihn zu akzeptieren und zu tolerieren.

Tut man es nicht, so verfällt man irgendwelchen Gewohnheiten anheim, die dazu führen, dass man das Wahrhaben der ständigen Wirkungen des Wandels leugnen muss.

Man tut dies, indem man sich hinter Gewohnheiten versteckt. Diese Gewohnheiten wirken wie eine Verkleidung für den Wandel. Sie ziehen ihm eine Maske an, so dass wir ihn nicht mehr als das erkennen, was er ist.

Aber so entsteht eine trügerische Gewohnheit. Es ist dies die Gewohnheit, seine Augen vor der wahren Wirklichkeit zu verschliessen und stattdessen eine selbst erzeugte Illusion zur Wirklichkeit zu erklären, die durch künstlich erzeugte Denk- und Ansichtsgewohnheiten entstanden ist.

Wir merken sofort, dass das auf die Dauer nicht gut kommen kann…

Und darum ist es gut, wenn wir gewissen Denkgewohnheiten, wir können sie auch Ansichten nennen, ihre Maske abnehmen. Indem wir dies tun, legen wir selbst vor uns und der Wirklichkeit unsere Maske ab und werden zu dem, was wir in Wahrheit sind: Ein Wesen, das zu weitaus mehr fähig wäre, als dass man uns zugestehen will.

14 Die Maske ablegen

Alles hat seine Wirkung. Und wenn alle den andern etwas vormachen, dann entsteht aus all diesen Irreführungen eine grosse Illusion.

Natürlich ist die Frage, warum wir uns ständig etwas vormachen.

Eine oberflächliche Antwort könnte sein: «Weil man es sich in unserer Gesellschaft so gewohnt ist…»

Und tatsächlich kommt man besser durch den Alltag, wenn man nicht alles von sich preisgibt, und wenn man in bestimmten Situationen beschönigt, ausschmückt, vertuscht oder mit Worten «etwas nachhilft».

Aber die so entstandene Gewohnheit des Vortäuschens in unserer Gesellschaft führt dazu, dass die Dinge in ihrer Ursache und Wirkung verkannt oder falsch verstanden und gedeutet werden.

Und wenn man jetzt auch noch seine Gewohnheiten auf diese Fehlannahmen und Falschinterpretationen aufbaut, dann lebt man auf eine Weise, wie es einem aufgrund des natürlichen Wandels her niemals entsprechen kann.

Durch solche Erkenntnis lassen sich all die gesundheitlichen und psychologischen Probleme vieler Menschen in unserer Gesellschaft auf plausible Weise erklären.

Und somit steht auch ziemlich klar fest, dass viele Gewohnheiten negativ auf uns wirken, weil sie uns eine Art von Leben leben lassen, die uns nicht bekommt – weil sie dem natürlichen Fluss des Lebens entgegenläuft und sehr oft sogar den Grundgesetzmässigkeiten des Lebens selbst widerspricht.

Wer Gewohnheiten ablegt, der entlarvt so auch die Illusion, die wir irrtümlicherweise als «Wirklichkeit» betrachten.

Wer dies wirklich beabsichtigt und selbst erleben will, der wird leiden. Denn er wird Fürchterliches erblicken und erleben, und so manche Enttäuschung hinnehmen müssen. Aber er wird dann eben ENTtäuscht sein. Und sobald er diesen Prozess abgeschlossen hat, werden andere Wirkungen einsetzen und Leichtigkeit, Klarheit, Freiheit und selbstlose Liebe hervorbringen.

Um den Prozess des Ablegens der eigenen Maske zu unterstützen, um so das Entlarven unserer Gewohnheiten zu ermöglichen, wurde die Buchserie *«Arbeitsbücher der*

Achtsamkeit» geschrieben. Insbesondere das *«Arbeitsbuch der Wahrheit – Warum Lügen kurze Beine haben»* und das *«Arbeitsbuch der sieben Schlüssel – Charakterbildung leichtgemacht»*, helfen mit Informationen, Übungen und Reflexionsmöglichkeiten dabei, sich selbst zu verändern und so seinen eigenen persönlichen Weg zu gehen.

Wer sich nicht mehr bewusst oder unbewusst hinter Gewohnheiten versteckt, der eröffnet sich dadurch viele Möglichkeiten. Alle diese Möglichkeiten zusammengefasst bewirken, dass man sich vollumfänglich in das Leben «stürzen» kann.

Das tönt grossartig. Aber eigentlich ist es nichts anderes, als sich dem ständigen Wandel anzuvertrauen und somit in den Fluss des Lebens einzusteigen.

15 Sich in das Leben stürzen

«Ach du gewohntes Leben; was hast du mir noch zu bieten ?!»

Wenn wir uns diese Frage stellen, dann dürften wir umringt sein von eigenen und fremden Gewohnheiten, die unser Leben auf künstliche und illusorische Weise zum Stillstand bringen.

Aber Stillstand ist vom ewigen Sein her nicht vorgesehen. Denn Stillstand würde das ewige Zusammenspiel von Ursache und Wirkung zum Einsturz bringen. Und darum kann sich das grosse Ganze keinen Stillstand leisten.

Dann, wenn wir uns in Trägheit hinlegen und dem Nichtstun frönen, kommt sicherlich früher oder später etwas, was uns in unserer Ruhe stört und aufscheucht – auf, dass wir uns bewegen und einen Schritt machen…

Manchmal kann dies durch eine Mücke geschehen. Eine Mücke hat die Macht, unsere ganze Nachtruhe zu stören. So dass wir nach einer intensiven Jagd nach dem winzigen, fliegenden Blutsauger nicht mehr einschlafen können. Und dann liegen wir wach im Bett und fangen an Gedanken zu wälzen. Und wenn wir diese Gedanken genau beobachten würden, dann würden wir erkennen, dass sie uns in unseren Gewohnheiten gefangen halten.

Würden wir diese Gedankenwalze über Konzentration, Willen und positives Denken durchbrechen, und würden wir uns über Persönlichkeitsentwicklung dazu befähigen, kontrolliert und gezielt unsere Gedanken wahrzunehmen, sie zu verfolgen und in positivem Sinne weiterzuentwickeln, dann würden wir uns nicht nur von unseren Gewohnheiten und ihrer Wirkung auf uns befreien, sondern wir würden uns dadurch auch dazu ermächtigen, den Sprung ins wahrhaftige Leben zu machen.

Ob wir ein Leben in Beständigkeit leben wollen, oder ob wir uns in den Fluss des Lebens hineinstürzen und uns vorwärtstragen lassen wollen, hängt unter dem Strich nur von unserer Haltung unseren Gewohnheiten gegenüber ab.

Mit jeder Gewohnheit, die wir abzulegen bereit sind, machen wir einen Schritt auf den Fluss des Lebens zu. Und indem wir daran glauben, dass der ewige Wandel uns mindestens so gut bekommt, wie der Status Quo, der uns müssig, träge und gleichgültig werden lässt, werfen wir uns in den Fluss des Lebens hinein.

Und auf einmal bekommt unser Leben wieder Schwung!

Natürlich, wir werden nicht nur im Gummiboot geniessend auf unserem Fluss des Lebens dem Sonnenuntergang zutreiben.

Ab und zu wird uns der Fluss des Lebens an Stromschnellen, Widerwasser oder sogar Wasserfälle herantragen. Und dann werden wir herausgefordert sein.

Wer aber durch innere Veränderung zum Teil des Flusses selbst wird, der wird jede Hürde gefahrlos und ohne Schwierigkeiten meistern.

Darum liegt so viel Potenzial in Persönlichkeitsentwicklung und Charakterbildung.

Aber wir weigern uns hartnäckig, dieses Potenzial anzuerkennen. Stattdessen meckern wir rum und verteidigen dabei gleichzeitig unsere Gewohnheiten. Und genau dieses Verhalten führt dazu, dass uns Tag für Tag immer wieder das Murmeltier grüsst.

Wir halten uns selbst über unsere Gewohnheiten in unseren Gewohnheiten gefangen und leiden nicht gerade wenig darunter. Aber, anstatt unsere Augen zu öffnen und den Tatsachen in die Augen zu blicken, geben wir dem armen Murmeltier die Schuld, welches doch überhaupt nichts an unserer

Misere ändern kann und somit auch keine
Verantwortung aufgebürdet bekommen darf.

16 Und täglich grüsst das Murmeltier

Ja, wir kommen zum Titelbild dieses Büchleins. Und wir kommen zu einer möglichen Kurzinterpretation des Spielfilms *«Und täglich grüsst das Murmeltier»* (*«Groundhog Day»* auf Englisch).

In diesem Film soll ein selbstherrlicher Fernsehmoderator mit seinem Team die traditionellen jährlichen Festlichkeiten eines Wetterrituals kommentieren, wo es um die Frage geht, ob der Frühling kommt, oder ob der Winter noch anhält. Und der grosse Wettervorhersager ist ein Murmeltier. Wenn dieses am Murmeltiertag aus seiner Höhle kommt und seinen Schatten sieht, sprich, wenn die Sonne scheint, dann soll der Winter noch anhalten…

Bla, bla, bla…

Wir wollen uns hier nicht auf den Irrglauben an Bauernregeln und anderes unreflektiertes Gewohnheitswissen einlassen, selbst wenn womöglich mehr dahinterstecken könnte, als wir im ersten Moment annehmen würden…

Nein, wir wollen uns mit dem befassen, was dem selbstherrlichen Fernsehmoderator urplötzlich und ungewollt widerfährt: Er bleibt nämlich in diesem Murmeltiertag hängen! Er erlebt ein und denselben Tag immer und immer wieder!

Und egal was er versucht, er erwacht immer wieder um sechs Uhr morgens im Bett in seiner gemütlichen Frühstückspension und «es ist Murmeltiertag!»

Natürlich versucht unser Fernsehmoderator, *Phil,* diesem Schicksal zu entkommen. Zuerst über Willen und Verstand. Aber da er selbstsüchtig denkt und handelt, bleibt er erfolglos. Dann fügt er sich in sein Schicksal und versucht Vorteile und Vergnügen aus seiner Situation zu ziehen. Dies sehr oft auf Kosten anderer. Aber auch dieser Möglichkeiten wird Phil überdrüssig.

Dann folgt eine Phase der Verzweiflung, des unverstanden Seins und der Sinnfrage. Diese Phase endet mit mehreren erfolgreichen, aber dennoch erfolglosen Suizidversuchen – denn selbst nach dem Tod erwacht Phil wieder um sechs Uhr morgens in seinem Bett…

Schliesslich aber wählt er einen anderen Weg! Er entschliesst sich dazu, das Beste aus seiner Situation zu machen. Angespornt dazu wird er durch das Verlangen nach Liebe.

Zuerst versucht er, über gewohnte Kniffs und Tricks, seine Produktionsleiterin Rita für sich zu gewinnen. Aber diese lässt sich nicht auf so einfache und billige Art einnehmen.

Und so findet Phil, getrieben von seiner Liebe und seinen Gefühlen, zur Selbstlosigkeit und zu all dem Schönen im Leben, was ein Mensch für sich entdecken, und damit andere Menschen erfreuen kann.

Dann, wenn Phil wirklich selbstlos zu leben und sich an den Möglichkeiten des Lebens zu erfreuen lernt, indem er seine Gewohnheiten und gewohnten Haltungen ablegt, gelingt es ihm…

Aber sehen Sie sich diesen Film doch selbst an, und lassen Sie ihr Unterbewusstsein durch ihn inspirieren. Immer und immer wieder. So lange, bis das Murmeltier nicht mehr grüsst…

***

Ja, im Film erkennen wir, dass der Mensch es zu einer bestimmten Perfektion bringen kann. Zeit dafür hat er in seinem Leben genug. Denn wer die Zeit zur Entwicklung seiner Fähigkeiten, Fertigkeiten, seiner Persönlichkeit und seines Charakters nutzt, anstatt sich in Konsum und Trägheit zu verlieren, der erreicht in sehr vielen Teilen seiner Selbst Meisterschaft. Und diese Meisterschaft ermächtigt dazu den nächsten Schritt machen zu dürfen.

Darum widmen wir uns im nächsten Kapitel der Perfektion.

17 Hin zur Perfektion

Perfektion ist eine Art von Entwicklung in Bezug auf unsere Gewohnheiten.

Über den Willen, besser zu werden, nehmen wir eine gewohnte Eigenheit von uns und entwickeln diese weiter.

Wir bauen also auf eine Gewohnheit auf und perfektionieren diese.

Dies führt dazu, dass wir den Weg der Persönlichkeitsentwicklung gehen. Wir bauen so unsere Fähigkeiten, Fertigkeiten und auch unsere Erfahrungen aus.

Und wenn wir ständig reflektieren, was wir auf unserem Weg hin zur Perfektion erleben und lernen, dann erarbeiten wir uns damit die Grundlage, um Gesetzmässigkeiten des Lebens an sich nach und nach verstehen zu können.

Und dann, wenn wir kurz davor sind, die Perfektion wirklich zu erreichen (ganz erreichen kann man sie nie, weil die Vollkommenheit der Schöpfung vorbehalten ist), dann sollten wir sie wieder ablegen, bevor sie zur Gewohnheit werden kann. Und wir sollten etwas anderes auswählen, um uns darin zu perfektionieren.

So werden wir nach und nach in vielen verschiedenen Bereichen des Lebens erfolgreich. Und so erarbeiten wir uns auch das als Grundlage, was es uns ermöglicht, uns aus den bedrückenden Gewöhnlichkeiten des Alltags zu verabschieden.

Perfektion ist der Weg, den wir wählen sollten, um uns davon zu befreien, dass täglich in unserem Leben das Murmeltier grüsst.

Perfektion kann nur erreicht werden, wenn man sich selbst und sein Potenzial zu schätzen weiss. Wer etwas schätzt, der kann, sofern er will, Dankbarkeit dafür empfinden. Und diese Dankbarkeit macht nicht nur alles wertvoll. Nein, sie macht uns auch demütig.

Demut ist wohl die Ausgangslage, auf der Selbstlosigkeit aufgebaut werden kann. Und nur Selbstlosigkeit führt zu der Art von Liebe, die uns zu befreien vermag von all den Gewohnheiten, die unser Leben langweilig und gewöhnlich machen.

Wer sich im Alltäglichen, im Handwerk, in der Kunst, im Empfinden, im Wahrnehmen, im Denken, im Mitfühlen, im Weiterkommen und im Hinblick auf sein persönliches höchstes Ideal entwickelt und dadurch perfektioniert, der dringt in die Geheimnisse des Lebens selbst vor. Denn er wird vom fremdbestimmten

Objekt zum einzigartigen Subjekt, das anderen zu helfen, sie zu begeistern und sie zu inspirieren vermag.

Wir haben so vieles in der Hand – sofern wir bereit sind, das Gute zu entwickeln und das Gewöhnliche abzulegen und loszulassen.

***

Vieles liegt hinter unseren Gewohnheiten verborgen und wird durch sie unserer bewussten Wahrnehmung vorenthalten.

Wenn wir in unsere tiefsten Gewohnheiten eindringen, sie reflektieren, das Gute aus ihnen entnehmen und das Hindernde weglegen, dann kann es uns gelingen, das Glück auf Erden zu finden!

Das Glück auf Erden ist nichts anders, als sich am Leben zu erfreuen, indem man frei und uneingeschränkt lebt!

18 Leben!

Oft denken wir, wir wären glücklicher, wenn all die hindernden und einschränkenden Sorgen, Probleme, unüberwindbaren Hürden und Zweifel nicht wären.

Dabei erschaffen wir uns fast alle diese Probleme in unserem Kopf selbst. Wir kreieren sie, indem wir uns an Gegebenheiten klammern und sie zur Gewohnheit machen. Wir geben ihnen Macht und Kraft, indem wir an sie und nicht an die Kraft des ewigen Wandels denken. Und indem wir mit der Zeit anfangen, mehr an unsere Gewohnheiten als an all die Möglichkeiten zu glauben, die das Universum zu bieten hat, sperren wir uns in einen Alltag ein, der monoton, langweilig und leidvoll wird.

Und indem wir aus diesem selbst errichteten Gefängnis ausbrechen, fangen wir an zu leben!

Der Ausbruch in die Freiheit gelingt uns nur, wenn wir unsere Gewohnheiten ablegen. Auch die Gewohnheit, die Dinge so zu sehen und zu betrachten, wie wir es gewohnt sind.

Wer sein Leben leben will, der muss lernen, andere Perspektiven als die gewohnten einzunehmen.

Dazu gehört, dass man die Bilder in seinem Kopf loslässt, die man von einer Sache, einem Umstand oder einem anderen Wesen gemacht hat.

«Du sollst dir kein Bildnis machen...» dürfte wohl mehr mit dem Ablegen von selbstbehindernden Gewohnheiten zu tun haben als mit moralisierenden Vorstellungen dem Schöpfer gegenüber.

Es sind unsere Bilder in unserem Kopf, die unseren Gewohnheiten die Macht verleihen, uns einzusperren und festzuhalten.

Wer sich in seinen Ansichten verhaftet und sich auch noch daran gewöhnt, der tut sich schwer, diese wieder abzulegen und loszulassen.

Wer es aber versucht, der wird erfolgreich sein und leben!

Leben bedeutet nicht, alles zu haben, nichts mehr tun zu müssen und wunschlos glücklich zu sein. Nein, leben bedeutet, dass man in allem die Chance sieht, weiterzukommen und sich zu perfektionieren.

Denn nur dieses persönliche Gedeihen entspricht dem stetigen, alles durchdringenden Wandel. Und nur dieses Weiterkommen im

Sinne des grossen Ganzen kann uns das innere Gefühl des wahren Seins vermitteln.

Es geht um nichts anderes, als dass wir erkennen können, dass es gut so ist, wie es gerade ist. Egal, ob wir angesehen sind, viel Geld verdienen oder es besser haben als andere. Denn wenn es gut ist so, wie es ist, dann kann jede Situation uns erfreuen und weiterbringen, ohne dass sie an Voraussetzungen und Vorgaben gebunden ist.

Und weil wir dem ständigen Wandel unterworfen sind, müssen wir immer wieder von neuem erkennen lernen, dass es gut ist, wie es ist.

Das gelingt uns nur, indem wir nichts zur Gewohnheit werden lassen. Also gehen wir offen und erfreut auf das Neue zu und legen das Gewohnte in Dankbarkeit ab.

Unser Lebensgefäss kann sich nur mit Freude, Glück und Liebe füllen, wenn kein altes Gerümpel und kein unnötiger Ballast drin ist, der all das an Platz vereinnahmt, was für Höheres und Lebendigeres vorbestimmt wäre...

Und mit dieser Chance, die uns das Erkennen und Ablegen von Gewohnheiten ermöglicht,

verlassen wir den Augenblick und wagen wir
einen Ausblick.

19 Ausblick

Was denn? Sind Sie womöglich etwas verwirrt?

Könnte es sein, dass alles in diesem Büchlein so logisch und vertraut, aber dennoch unfassbar und fremd anmutet?

Das könnte daran liegen, sofern es überhaupt so ist, dass wir es uns nicht gewohnt sind, Gedanken solcher Themenfelder auf solchen Ebenen zu denken und zu entwickeln.

Wir sind es uns nicht gewohnt, über Dinge zu reflektieren, die wir uns nicht gewohnt sind.

Tun wir es regelmässig, so werden wir uns aber daran gewöhnen. Dies führt zu einer Entlastung von all den Herausforderungen, die an uns gestellt werden, wenn wir uns in solchen intellektuellen, beinahe schon spirituellen Höhen aufhalten.

Wer über Gewohnheit Entlastung erfährt, der hat seine Konditionen über Training entwickelt und dadurch sein Potenzial erweitert.

Potenzial an und für sich ist eine tolle Sache. Aber sie nützt nichts, wenn wir unser Potenzial nicht über persönliches Vorwärtskommen zu realisieren versuchen.

Also müssen wir die Gewohnheiten, die zu unserer Entlastung geführt haben, ablegen und weitertrainieren, auf dass wir erneut unsere Konditionen verbessern und uns dadurch neues Potenzial eröffnen.

Und so geht das immer weiter. Das ist das Leben.

Wer genug hat von diesem ständigen Vorwärtsgehen, der darf sich gerne ausruhen und sich an den entlastenden Gewohnheiten erfreuen.

Aber da der Mensch in seinem Innern immer auf einer Suche nach etwas Bekanntem ist, wovon er aber nicht weiss, was es ist, wird die Gewohnheit über kurz oder lang zu Langeweile, Monotonie, Überdruss und Routine führen.

Und weil dadurch das Leben zum Stillstand kommt und der Leidensdruck in uns anwächst, werden wir durch die unsichtbare Wirkung des steten Wandels aus unserer Lethargie herausgeführt und wieder in den Fluss des Lebens gebracht werden; dann, wenn wir bereit sein werden, unsere Gewohnheiten abzulegen.

***

Es gibt furchtbare Gewohnheiten!

Es gibt Gewohnheiten, die andere Lebewesen in ihrem Sein und in ihrer natürlichen Wirkung hindern, einschränken, quälen oder gar vernichten.

Wenn wir Gewohnheiten abzulegen bereit sind, die auf unserem Weg ständig Scherben hinterlassen, dann dürfte es nicht erstaunen, dass das Leben an sich uns mit etwas belohnt, was uns mehr und schöner erLEBEN lässt.

Wir können nicht alle schädlichen und schändlichen Gewohnheiten auf einen Schlag ablegen. Das würde uns unserer Entwicklungsgrundlage berauben und uns derart verunsichern, dass die positive entlastende Wirkung von Gewohnheiten unser Vorwärtskommen nicht mehr gewährleisten könnte.

Aber wir können mit aller Zeit der Welt unsere Gewohnheiten überdenken und sie, sobald wir Sinn darin sehen und die Kraft dazu aufzubringen willens sind, ablegen und uns auf das Neue freuen, das so auf uns zukommen kann.

Nein, es gibt keine Rezepte, wie etwas ein für allemal erledigt werden kann. Das Gleiche begegnet uns immer wieder als neue Herausforderung in einer anderen Erscheinung.

Das ist gut so, denn es macht aus jedem Augenblick zuerst eine Herausforderung, mit zunehmender Gewohnheit eine Genugtuung, und durch den Fluch der Gewohnheit einen Moment des Leidens. Man leidet an dem, was man hat, und entwickelt eine Sehnsucht nach dem, was sein könnte.

Mal ist man oben auf dem Wellenkamm, mal unten. Mal dreht das Rad des Lebens nach oben, mal nach unten.

Wer zu erkennen vermag, dass sich alles immer bewegt, dass es sich dabei aber vorwärtsbewegt, der versteht, dass es sich nicht lohnt, sich irgendwie in Gewohnheiten zu verhaften.

Ja. Das Ablegen von Gewohnheiten als Gewohnheit führt zu einer Lebensweise, die dem natürlichen Wandel des Seins entspricht. Wer sich nicht gegen den Fluss des Lebens stellt, sondern sich von der Strömung hin zu seiner Bestimmung treiben lässt, der kann sein Glück finden.

Und wenn nicht?

Kennen Sie einen Fluss, der nicht irgendwann mal in einem Meer mündet?

Kennen Sie einen Wassertropfen, der aus dem Wasserkreislauf ausgeschieden ist?

Kennen Sie ein Lebewesen, das verlorengegangen ist?

Wir sind es gewohnt, dass die Dinge einfach laufen. Und gleichzeitig kämpfen wir über künstlich erschaffene Denkweisen und Gewohnheiten dagegen an, dass die Dinge einfach laufen und sich verändern.

Was sind wir? Und wer sind wir? Was wollen wir überhaupt?

Wer den Gewohnheiten des Alltags den Rücken kehrt und über wirkliche Fragen des Seins nachdenkt, der wird sehr vieles entdecken, was den andern als Geheimnis des Lebens hinter der Mauer ihrer Gewohnheiten verborgen bleibt.

Welche Geheimnisse wer für sich zu entdecken und zu ergründen vermag, das bleibt offen.

Und so werden auch Sie durch das Ablegen Ihrer Gewohnheiten andere Türen und Pforten öffnen als derjenige, der in diesem Büchlein versucht hat, die Macht der gewohnten Denkmuster zu überwinden, auf dass daraus etwas zu entstehen vermöge…

20 Schlusswort

Wir sind es uns gewohnt, dass eine Geschichte, ein Musikstück, ein Arbeitstag, ein Leben oder eine Idee ihren Abschluss findet.

Diese Gewohnheit sollten wir ablegen. Denn es geht immer weiter.

Etwas, was einmal Bestand hatte, wird immer weiterexistieren.

Es wird sich einfach nur wandeln und so in anderer Erscheinung wieder auf den Plan treten, um sich zu entwickeln und als Ursache seine Wirkungen hervorzubringen.

Und darum wird hier ganz bewusst auf ein ausführendes und abschliessendes Schlusswort verzichtet.

Vielmehr wird dazu aufgerufen, neu zu beginnen!

Dieser Neubeginn beginnt am einfachsten mit dem Ablegen alter Gewohnheiten. Der Rest fügt sich von selbst und hat mit Einschränkung und Monotonie immer weniger zu tun. Es ist unsere Gewohnheit, die uns immer auf den Schluss und auf das Ende zusteuern lässt. Darum tun wir es auch. Wer aber immer wieder auf das Neue und Unbekannte setzt, der steuert immer wieder auf einen Neubeginn, auf einen Anfang zu.

Und so soll auch dieses Büchlein eher die Startlinie eines selbstbestimmten Lebens darstellen, als dass es über Ernüchterung zu Hoffnungslosigkeit und Entmutigung führt.

Das Ablegen von Gewohnheiten geht mit Desillusionierung einher.

Sie entscheiden für sich selbst, ob Sie die Wirkung von Illusionen mögen oder nicht.

Alles Gute bei all den Entscheidungen, die Sie in dieser Angelegenheit zu treffen haben!

Und viel Freude bei all dem, was als Folge davon auf Sie zukommen mag…

Anmerkung:

Lange Zeit war man es sich in unserem patriarchischen Gesellschaftssystem gewohnt, dass der Mann vor der Frau kommt.

Dann haben manche Leute damit begonnen, diese Gewohnheit zu hinterfragen und sie aufgrund mangelnder Relevanz abzulegen versucht.

Als Folge davon hat man begonnen, die Frau dem Manne gleichzustellen. Besonders in der deutschen Sprache hatte dies zur Folge, dass von nun an immer sowohl die Frau als auch der Mann genannt werden mussten – nur so ist eine Gleichstellung zu verwirklichen.

Und auf diese Weise gelang es, die veraltete Gewohnheit aus den Köpfen der konservativ Denkenden zu vertreiben.

Aber noch immer gibt es Menschen, die denken, dass sich die Frau dem Manne unterzuordnen haben.

Nun, für diese Menschen ist das Gendern in der deutschen Sprache zur Gewohnheit geworden, ohne dass diese Gewohnheit ihre positive Wirkung hätte entfalten können.

Und immer dann, wenn Selbstvorteil auf Kosten anderer höher gewichtet wird, als das

Vorwärtskommen aller, verliert eine Gewohnheit zwangsläufig ihre Wirkung und veraltet.

Das Berücksichtigen der formellen Vorgaben in Bezug auf die Gleichstellung von Mann und Frau ist für den Autor zu einer Belastung geworden, die insbesondere den Lesefluss und die Verständlichkeit seiner Texte beeinträchtigt, und dennoch seine Wirkung verfehlt, weil sich längst alle, die Literatur wie diese hier lesen, an die Gleichstellung beider Geschlechter gewöhnt haben und diese auch in keiner Weise jemals infrage stellen würden. Diejenigen, die noch an patriarchischen Mustern festhalten, und für die darum noch gegendert werden muss, lesen niemals Bücher wie dieses hier. Darum muss für sie hier auch nicht eine alte, aber wirkungslos gewordene Gewohnheit weitergepflegt werden.

Wer weiss, vielleicht entsteht so etwas, was einem neuen Bewusstsein von wahrer Gleichberechtigung Platz zum Gedeihen und Wirken einräumt.

Man möge dem Autor diesen Entscheid zum Ablegen einer Gewohnheit nachsehen…!

Titelverzeichnis des Verlags denkmalnach.ch

Die Titel sind wie folgt erhältlich:

- Als **Taschenbuch** zurzeit nur bei **amazon.de**
- Als **E-Book** im *Kindle*-Format bei **amazon.de** und immer mehr auch als *ePub* für **Tolino** bei **Weltbild, Thalia, Hugendubel etc.**
- Teilweise als **Hörbuch** bei fast allen Anbietern

Verlag: www.denkmalnach.ch

Autor und Suchbegriff: Michael von Känel

Bücher der Reihe *Die Wirkung von… :*

	Die Wirkung von Angst auf unser Leben *Was Angst alles behindert und verunmöglicht*
	Die Wirkung von Lärm auf unser Wohlbefinden *Wie Lärm uns beunruhigt und uns Kraft raubt*

Die Wirkung von Musik auf unsere Selbstwahrnehmung
Wie Musik uns zentriert und beruhigt

Die Wirkung von Bildschirmkonsum auf unser Leistungsvermögen
Wie Bildschirme uns ablenken und unsere Leistung senken

Die Wirkung von Sport und Bewegung auf unsere Ausgeglichenheit
Was Sport bewirkt und wann er nützt

Die Wirkung von Mode auf unsere Selbstachtung
Wie Mode uns beeinflusst und fremdbestimmt

Die Wirkung von Gewohnheit auf unsere Lebensführung
Was Gewohnheiten uns geben - und was sie uns nehmen

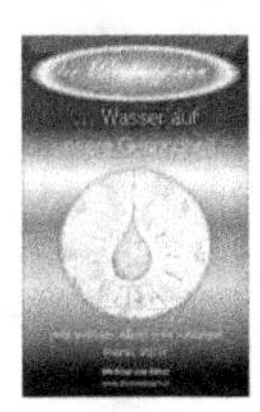

Die Wirkung von Wasser auf unsere Gesundheit
Wie Wasser nicht nur unseren Durst stillt

	Die Wirkung von guter Luft auf unseren Körper *Wie frische Luft uns beflügelt*
	Die Wirkung von Reisen auf unsere Konzentration *Wie Reisen und Pendeln uns müde machen*

Bücher der Reihe *Spirituelles Wissen*:

	Meditieren *Eine Annäherung an Sinn und Zweck des Meditierens*
	Heilen *Ein Crashkurs in energetischem Heilen*
	Heilen 2 *Unterstützende Ausführungen zum Crashkurs energetisches Heilen*
	Heilen 3 *Anwendungsbeispiele mit Skizzen zum Crashkurs energetisches Heilen*

	Heilen 4 *Grundsätze der Energiearbeit und des energetischen Heilens*
	Heilen 5 *Veranschaulichungen von Heilprozeduren und Heilungsprozessen*
	Sterben *Der Tod als unsere wahre Lebensversicherung*
	Der Antichrist *Der Versuch über unser Ego den Teufel zu erklären*
	Die innere Stimme *Wie wir uns von ihr führen lassen und ihr vertrauen lernen können*
	Die geistige Welt *Warum die Realität nicht mehr als ein Traum ist*
	Die Bewusstheit zu sein *Schranken des Lebens ablegen, um frei zu sein*

	Weisheit – Perlen und Irrtümer *Wie Weisheit erhebt oder verblendet*
	Quo vadis? *Geheimnisse über den Weg, den wir gehen*
	Heilen 6 *Energetisches Heilen und damit verbundene umfassendere Sichtweisen*

Bücher der Reihe *Gesellschaft verstehen*:

	Leben statt Arbeiten *Wofür es sich zu arbeiten lohnt und wofür nicht*
	Selbstwirksamkeit *Wie uns der gekaufte Komfort unserer Selbstbestimmung beraubt hat*
	Moderne Versklavung *Wie und wodurch wir täglich versklavt werden*

<table>
<tr><td></td><td>

Die Illusion wegessen
Überlegungen darüber, wie unsere Ernährung uns blendet

</td></tr>
<tr><td></td><td>

Tricks aus der Chefetage
Kaderbildung aus Sicht der Mitarbeitenden – und was es sonst noch über Hierarchien zu lernen gibt

</td></tr>
<tr><td></td><td>

Verbundenheit
Ein möglicher Einblick in die Welt des Seins

</td></tr>
<tr><td></td><td>

Was einen Menschen ausmacht
Über die innere Schönheit im aussen

</td></tr>
<tr><td></td><td>

Das Veilchen am Wegrand
Warum die Liebe im Detail steckt

</td></tr>
<tr><td></td><td>

Menschenwürde
Wir spiegeln uns in denen um uns herum

</td></tr>
</table>

Bücher der Reihe *«Augenmerk Hochsensibilität»***:**

	Band 1 – Portrait eines hochsensiblen Menschen *Einblick in den Werdegang und die Erfahrungen eines feinfühligen Menschen*
	Band 2 – Die Wahrnehmung eines hochsensiblen Menschen *Wie und was hochsensible Menschen wahrnehmen können und warum*
	Band 3 – Hochsensibilität in Verbindung mit Achtsamkeit *Was alles möglich wäre aus Sicht eines hochsensiblen Menschen*

Bücher der Reihe *«Vision 3000»***:**

	Vision 3000 Band 1 – Die Welt ist im Wandel *Es stehen Veränderungen an...*
	Vision 3000 Band 2 – Veränderungen machen uns zu schaffen *Neue Denkansätze helfen*
	Vision 3000 Band 3 – Neue Denkansätze sind gefragt *Der Mensch hat das Potenzial zu antworten*

Romanserie mit spirituellem Hintergrund
Tränen des Drachen:

	Tränen des Drachen – Band 1 *Comfortably numb – Angenehm berauscht*
	Tränen des Drachen – Band 2 *Seventh Son of a seventh Son –* *Der siebte Sohn des siebten Sohnes*
	Tränen des Drachen – Band 3 *Stairway to Heaven – Die Himmelsleiter*
	Tränen des Drachen – Band 4 *Child in Time –Ein Kind der Zeit*
	Tränen des Drachen – Band 5 *Warriors of the World – Krieger der Erde*
	Tränen des Drachen – Band 6 *The Good, the Bad and the Ugly –* *Der Gute, der Böse und das Hässliche*
	Tränen des Drachen – Band 7 *Holy Diver – Geweihter Taucher*

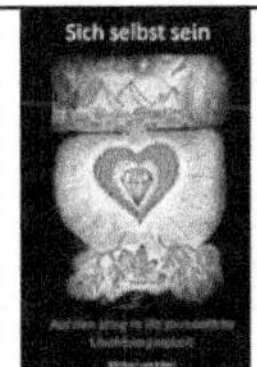

Sich selbst sein *Auf dem Weg in die persönliche Unabhängigkeit*	

Serie *Arbeitsbücher der Achtsamkeit*:

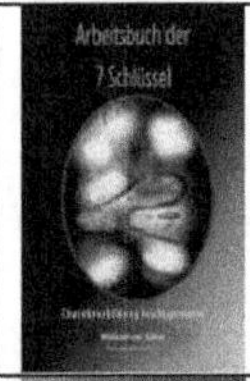

Arbeitsbuch der 7 Schlüssel
Charakterbildung leicht gemacht – Der Weg ans Licht

Arbeitsbuch der Wahrheit
Warum Lügen kurze Beine haben

Arbeitsbuch des Beobachtens und Wahrnehmens
Lernen zu entdecken, zu erkennen und zu begreifen

Serie *Übungsbücher der Achtsamkeit*:

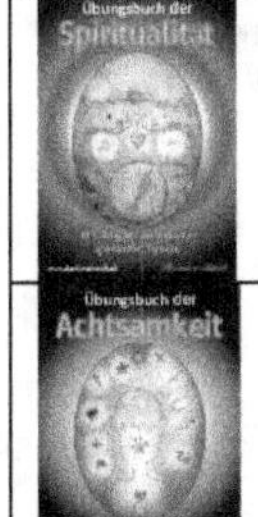

Übungsbuch der Spiritualität
30 Übungen zum Erfahren spiritueller Aspekte

Übungsbuch der Achtsamkeit
30 Übungen zum Erfahren, Beobachten und Wertschätzen

	Übungsbuch der Selbstwirksamkeit
	30 Übungen zum Erkennen, was möglich sein könnte

Serie *The Best - The Rest – The Rare*:

	Harry Potter enthüllt
	Eine spirituelle Erklärung für den Erfolg der erfolgreichsten Buchreihe aller Zeiten
	Gesammelte Gedichte
	40 gesammelte Gedichte mit Tiefgang, aus der Feder der Autorengemeinschaft www.denkmalnach.ch
	E-Bike to work
	Wie das Elektrovelo mein Leben verändert hat
	Ein Quantum Trost
	Für jeden Tag ein Bild und eine Aussage, um sich an die Hoffnung zu erinnern
	30 Do or Don'ts
	Warum wir Dinge tun sollten und warum nicht

Bücher der Reihe *Erfolgreich durchs Leben*:

*Bereits komplett **als Hörbuch** erhältlich!*

	Teil 1 - Erfolgreich leben 1: Lernen mit Geld umzugehen; *Grundwissen über Geld und den Umgang damit als Basis für mehr Selbstwirksamkeit*
	Teil 2: Erfolgreich leben 2: Selbstsicherheit aufbauen; *Hinstehen und ohne Unsicherheit sich selbst sein dürfen*
	Teil 3: Erfolgreich leben 3: Effizient Lernen; *Grundsätze des Lernens, die den Wissenserwerb erleichtern helfen*
	Teil 4: Erfolgreich leben 4: Sich Ziele setzen können; *Warum man Ziele nur erreichen kann, wenn man welche hat*
	Teil 5: Erfolgreich leben 5: Absichten durchschauen; *Was hinter dem Verhalten anderer Menschen und Institutionen steht*
	Teil 6: Ursache und Wirkung 1: Übergewicht verstehen; *Wie Übergewicht zustande kommt - und was man tun kann*
	Teil 7: Ursache und Wirkung 2: Streit entlarven; *Warum gestritten wird und wie man Streit vermeidet*

Die Klappentexte zu den einzelnen Büchern sowie die Serienbeschreibungen sind in den Online-Shops beim jeweiligen Titel aufrufbar.

Verlag: www.denkmalnach.ch

Autor: Michael von Känel

Herzlichen Dank, dass Sie den Verlag unterstützen und weiterempfehlen!

www.ingramcontent.com/pod-product-compliance
Lightning Source LLC
Chambersburg PA
CBHW060750260726
48660CB00002B/554